Made in the USA
Las Vegas, NV
18 December 2024

14726616R00069